Einsterns Schwester

4

Themenheft 3
⭐ Texte planen und schreiben

Herausgegeben von
Roland Bauer, Jutta Maurach

Erarbeitet von
Katrin Baudendistel, Daniela Dreier-Kuzuhara

In Zusammenarbeit mit
der Redaktion Grundschule Deutsch 2–4

Cornelsen

AF186258

Inhaltsverzeichnis

Ich bin Lola und helfe dir mit Profitipps.

So kannst du mit den Heften arbeiten

Du machst alle
Seiten der Lernportion 1.

Zuerst im
grünen Heft.

Dann im
roten Heft.

Dann im
gelben Heft.

Und dann im
blauen Heft.

Danach machst du in
allen Heften die Lernportion 2.

Nun machst du in
allen Heften die Lernportion 3.

In diesem Heft
kannst du den
Grundwortschatz
vertiefend üben.

Genauso bearbeitest du
alle anderen Lernportionen.

① Sammle zu den Anfangsbuchstaben
deines Vornamens und deines Nachnamens
Wörter, die zu dir passen.

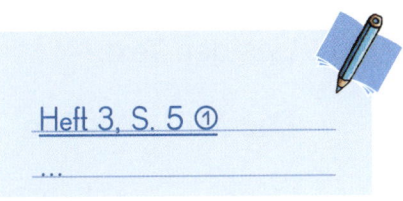

Lisa	**Miller**
lustig	malen
lieb	Mathe
Limonade	musikalisch
lachen	Mango
laut	Meer
lesen	Märchen

Die kunstvoll gestalteten Anfangsbuchstaben deines Vornamens und deines Nachnamens nennt man **Monogramm**.

② Gestalte ein Schmuckblatt zu deinen
Anfangsbuchstaben. Nutze Wörter aus ①.

③ Hängt eure Schmuckblätter aus ② auf.
Ratet, welches Monogramm zu welchem Kind gehört.

E und **K** gehören zu Emil Kowalski! Er liebt **Eis** und **kocht** gern.

Das stimmt! Jetzt bin ich dran. **T** und **S** gehören zu …

Lernportion 1: Kreatives Schreiben entwickeln

MK-Tipp: ein Schmuckblatt am Computer gestalten und ausdrucken

① Lies den Text.

Die Müll-Aktion

Heute startet die Klasse 4a mit einer Müll-Aktion. Eine freundliche Mitarbeiterin der Stadt erwartet die Gruppe an einem kleinen Waldstück. Nach einer Einführung begeben sich die Kinder, ausgestattet mit Handschuhen, großen Greifzangen und Mülltüten, auf die Suche. Sie finden viele Dinge, die achtlos in die Natur geworfen wurden. Zum Abschluss wird der gesammelte Müll gewogen. Die Kinder tauschen sich über ihre Eindrücke aus und überlegen, wie Müll vermieden werden kann. Mit guten Vorsätzen geht es zurück an die Schule. Als Dankeschön erhalten alle von Herrn Kuzu eine Urkunde.

② Schreibe den Text verändert auf.
Ersetze dabei die gelben Wörter durch andere passende Wörter. Unterstreiche sie.

Wörter mit gleicher Bedeutung nennt man **Synonyme**, zum Beispiel **freundlich** und **nett**.

Heft 3, S. 6 ②
Die Müll-Aktion
Heute beginnt die ...

🖐 ③

Welt

Erde

sprechen

...

1 Entschlüsselt die geheimen Botschaften der Skatergruppen
Roller-Girls und Star-Skater.
Besprecht, wie die Botschaften verschlüsselt wurden.

Achtet auf
die Wortgrenzen und
die Leserichtung.

A

treffe nde rroller-girls
wi rtreffe nun sheut eu mfünfzeh nuh ra meingan
gde sskateparks.
jed ebring twa sz uesse nmit.
wi rübe nweite rfü rde nwettkamp fgege ndi estar-skater.
all etrick sbleibe ngeheim!

B

RETAKS-RATS RED NEFFERT

ETUEL YEH. TIEW OS SE TSI NEGROM.
NESSAL NEZTIS SNU FUA THCIN RIW NENNÖK
SLRIG-RELLOR EID NEGEG EGALREDEIN ETZTEL EID.

KRAPETAKS MI KNAB NETOR RED NA
RHU NHEZHCES MU SNU NEFFERT RIW.

2 Wähle eine Botschaft aus **1** aus.
Schreibe sie entschlüsselt auf.

Heft 3, S. 7 ②
...

3 Verschlüssle eine eigene Nachricht wie in **1**.

Heft 3, S. 7 ③
...

4 Lass ein anderes Kind deine Nachricht
entschlüsseln.

So schreibe ich eine Pingpong-Geschichte:

1. Ich suche mir ein Partnerkind.
2. Ein Kind schreibt einen Satz auf.
3. Das andere Kind schreibt einen Fortsetzungssatz.
4. Abwechselnd ergänzen wir unsere Geschichte, ohne dabei zu sprechen.

(1) Schreibt gemeinsam eine Pingpong-Geschichte.

Heft 3, S. 8 ①

(2) Übt, eure Geschichte aus ① flüssig zu lesen.

(3) Lest anderen Kindern eure Geschichte vor.

(4) Sammelt Zeitungen und Zeitschriften.
Schneidet aus Überschriften und Werbeseiten einige Wörter aus.
Bildet aus den Wörtern lustige, spannende oder unsinnige Sätze.
Stellt aus mehreren Sätzen eine Geschichte zusammen.
Klebt sie auf ein Blatt.

Lernportion 1: Kreatives Schreiben entwickeln

Plenum: sich gegenseitig wertschätzende Rückmeldungen zum Vortrag geben

So trage ich einen Text vor:

1. **Ich beginne** erst, wenn alle **leise** sind.

2. **Ich formuliere** einen Einleitungssatz.
   Heute stelle ich euch … vor.

3. **Ich trage** meinen geübten Text möglichst frei **vor**.
   Dabei **spreche ich langsam**, **laut** und **deutlich**
   und **betone** wichtige Wörter.

4. **Nach jedem Satz** mache ich eine **kurze Pause** und
   schaue von meinem Text auf.

5. Am Ende meiner Präsentation
   bedanke ich mich bei meinem Publikum.
   Vielen Dank für eure Aufmerksamkeit.

6. Ich lasse mir eine **Rückmeldung** geben.
   Was war gut? Was kann ich besser machen?

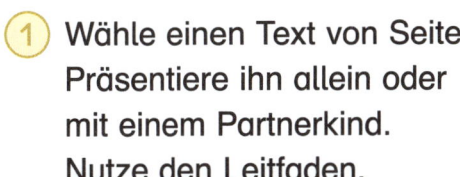 ① Wähle einen Text von Seite 6 oder 8 aus.
Präsentiere ihn allein oder
mit einem Partnerkind.
Nutze den Leitfaden.

Du kannst
bei deinem Vortrag
auch stehen.

Lernportion 1: Kreatives Schreiben entwickeln

Plenum: Lernergebnisse präsentieren, beschreiben und unter Berücksichtigung der im Leitfaden dargestellten
Gesichtspunkte bewerten

 D 26   9

1 Ordne den Begriffen die Erklärungen zu.

| Header | | carbon copy (= Kopie der Mail an einen weiteren Empfänger) |

Heft 3, S. 10 ①
Header: Kopfzeile einer E-Mail, ...

| Header |

| carbon copy (= Kopie der Mail an einen weiteren Empfänger) |

| E-Mail |

| blind carbon copy (= Blindkopie der Mail an weitere, für andere unsichtbare, Empfänger) |

| Betreff |

| Kopfzeile einer E-Mail, in der Hinweise auf Absender, Empfänger und Datum stehen |

| Cc |

| electronic mail (= elektronische Post) |

| Bcc |

| Thema einer schriftlichen Nachricht |

2 Beschreibt die Unterschiede zwischen einer E-Mail und einem Chat.

Von:	sommer-sonnenschule@beispiel.de
An:	politischebildung@beispiel.de
Betreff:	Workshop Kinderrechte

Sehr geehrte Damen und Herren,

wir würden uns freuen, wenn Sie Ihren Workshop zum Thema Kinderrechte für unsere Klasse anbieten könnten. Wir sind 28 Kinder.
Ein Besuch wäre mittwochs und freitags möglich.
Stimmt es, dass das Angebot kostenfrei ist?
Welche Vorbereitungen müssen wir treffen?
Wir würden uns sehr freuen, von Ihnen zu hören.

Freundliche Grüße

Klasse 4a der Sonnenschule

Hallo Lisa!

Hi Tim

Hast du heute Zeit?

Ja

Ab 15 Uhr

Super, kommst du zu mir?

👍

Ich bringe Koki mit.

Bis später! 😊

👋

> Ich unterscheide höfliche und persönliche Anredepronomen.
> **Höfliche Anredepronomen** schreibe ich **groß** (Sie, Ihr, Ihre, Ihrem …).
> Ich verwende sie, wenn ich an fremde Erwachsene schreibe.
> **Persönliche Anredepronomen** (du, dein, dir, dich, euch …) benutze ich,
> wenn ich an Freunde und Verwandte schreibe.
> Ich kann sie **großschreiben** oder **kleinschreiben**.

① Lies die E-Mails und achte auf die Anredepronomen.
Ordne die fünf persönlichen und
die drei höflichen Anredepronomen
passend in eine Tabelle ein.

Heft 3, S. 11 ①

persönlich	höflich
deinen	Sie
…	…

Von: emil.kowalski@beispiel.de

An: daniel-koch@beispiel.de

Betreff: Vielen Dank

Lieber Onkel Daniel,

vielen Dank für deinen Brief
zum Geburtstag. Ich wollte dich
anrufen, doch leider habe ich
dich nicht erreicht.

Ist dein Handy kaputt?
Wann kommst du uns
mal wieder besuchen?

Ich schicke dir ganz liebe Grüße.

Dein Emil

Von: miriam.schneider@example.de

An: sommer-sonnenschule@beispiel.com

Betreff: Sportbefreiung

Sehr geehrte Frau Sommer,

ich bitte Sie hiermit, meinen Sohn Tim
heute vom Sportunterricht freizustellen,
da er eine Prellung am Knöchel hat.

Vielen Dank für Ihr Verständnis.

Mit freundlichen Grüßen

Ihre Miriam Schneider

② Schreibe einen kurzen Brief oder eine E-Mail und
bedanke dich für ein Geburtstagsgeschenk.
Nutze passende Anredepronomen.

Heft 3, S. 11 ②

…

Ich chatte gern mit meinem Bruder.
Dabei verwende ich Emoticons, z. B. 😃,
und Abkürzungen, z. B. lol,
um Wörter zu ersetzen.

1 Decke die Erklärungen ab. Schau dir die Emoticons an oder lies die Abkürzungen.
Überlege, was sie bedeuten. Kontrolliere deine Vermutung.

😃	froh oder begeistert sein	😢	traurig sein
😍	Liebe und Zuneigung ausdrücken	😠	wütend sein
😆	kurz vor einem Lachkrampf sein	🤨	misstrauisch sein
🥱	müde sein	🙄	genervt oder gelangweilt sein
😅	verschwitztes Lächeln, etwas ist gerade noch mal gut gegangen	😱	sehr schockiert oder ängstlich sein
😂	Tränen lachen, sich vor Lachen auf dem Boden rollen	🤔	etwas infrage stellen, nachdenklich sein
😘	einen Kuss zuwerfen, Zuneigung ausdrücken	😳	schockiert sein, etwas Unerwartetes ist passiert
lol	laut lachen (laughing out loud)	sry	Entschuldigung (sorry)
2L8	zu spät (too late)	WE	Wochenende
CU	Bis bald (see you)	n8	Nacht
LG	Liebe Grüße	BB	Tschüss (bye-bye)

2 Entschlüsselt diese Nachrichten.

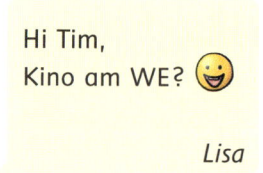

Hi Tim,
Kino am WE? 😃

Lisa

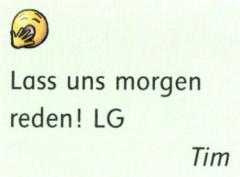

Lass uns morgen
reden! LG

Tim

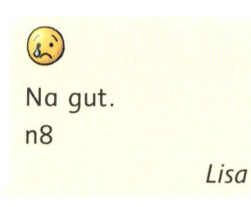

Na gut.
n8

Lisa

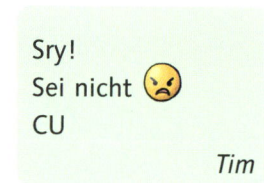

Sry!
Sei nicht 😠
CU

Tim

3 Schreibt euch gegenseitig eine Nachricht.
Verwendet dabei mindestens drei Abkürzungen
oder Emoticons.

Heft 3, S. 12 ③

① Sieh dir die Bilder an.

② Malik, Bente und Koki haben den Streit beobachtet.
Sie berichten einem Streitschlichter davon.
Lies die Sprechblasen.

Tim und Emil haben sich gestritten.

Es war vor der Sportstunde.

Beide dachten, es sei ihr Beutel.

③ Berichte einem Partnerkind, was passiert ist.
Beantworte dabei folgende Fragen:

Wann ist es passiert?	**Wo** ist es passiert?	**Wer** war beteiligt?
Was ist passiert?	**Wie** ist es passiert?	**Warum** ist es passiert?

1. Hier sind zwei Berichte vermischt. Ordne sie.
Schreibe einen der Berichte richtig auf.

Heft 3, S. 14 ①

...

Erneut Feuer in Neustadt

Großer Applaus für die Theater-AG der Sonnenschule

Am vergangenen Mittwoch um 15 Uhr wurde in der Sporthalle der Sonnenschule
das Märchen Rotkäppchen von der Theater-AG der Schule aufgeführt.
Gestern Nacht gegen 3 Uhr hat es in Neustadt erneut gebrannt.
In einer Scheune wurden vermutlich Strohballen angezündet.
Die liebevoll gestalteten Kulissen ließen das Publikum
in die Märchenwelt eintauchen.
Die Rauchwolken und meterhohen Flammen waren von Weitem zu sehen.
Besonders die Darstellerin des Rotkäppchens glänzte in ihrer Rolle.
Da die Feuerwehr in nur wenigen Minuten vor Ort war,
konnte das Schlimmste verhindert werden.
Am Ende gab es begeisterten Applaus vom Publikum.
Es wurden weder Menschen noch Tiere verletzt.
Als Nächstes möchte die AG eine Detektivgeschichte
auf die Bühne bringen.
Die Polizei bittet um sachdienliche Hinweise.

2. Beantworte zu deinem Text aus ① die W-Fragen
Wann? Wo? und Wer?

Heft 3, S. 14 ②

Wann?

Wo?

Wer?

So schreibe ich einen Bericht:

1. Ich wähle als **Überschrift** den Anlass des Berichts.
   Unfall in der Hauptstraße

2. **Ich schreibe** eine **Einleitung**, in der ich die **W-Fragen** beantworte:
   Wann ist es passiert? Samstag, 14. November, 14:23 Uhr
   Wo ist es passiert? Neustadt, Kreuzung Steinstraße / Hauptstraße
   Wer war beteiligt? Beteiligte: Fahrradfahrerin, Autofahrer
   Zeuginnen: Hanna Blume, Rani Kumar

3. **Ich berichte genau und nur das Wichtigste**:
   Was ist passiert? Auto fuhr auf Kreuzung gegen
   10-jähriges Mädchen mit Fahrrad
   Wie ist es passiert? Autofahrer übersah rote Ampel
   Warum ist es passiert? Autofahrer wurde von Sonne geblendet

4. **Ich schreibe in ganzen Sätzen**
   – in der richtigen Reihenfolge,
   – in der Vergangenheit,
   – sachlich, ohne Gefühle darzustellen,
   – ohne wörtliche Rede.

5. **Ich schreibe** einen **abschließenden Satz**:
   Welche Folgen gab es? Das Kind brach sich den linken Arm
   und das Auto hatte eine Delle.

6. **Ich lese** meinen Bericht, **überprüfe** und **überarbeite** ihn.

① Schreibe mit Hilfe der blauen Beispielwörter aus dem Leitfaden einen Unfallbericht. Du kannst auch am Computer schreiben.

Heft 3, S. 15 ①
Unfall in der Hauptstraße
Am Samstag, den 14. November …

 1 Lest die Berichte von Lisa und Malik. Begründet mit Hilfe des Leitfadens von Seite 15, welcher Bericht besser gelungen ist.

Wurde die Reihenfolge eingehalten?
Wurde die Vergangenheit benutzt?
Wurde sachlich berichtet?

Gebrochener Arm im Sportunterricht

Kürzlich geschah ein Sportunfall. Tim bricht sich den Arm. Jetzt trägt er den Arm in Gips. Er will über den Kasten springen, da passiert es! Mit eigenen Augen sehe ich, wie er plötzlich herunterfällt. „Oh nein!", rief ich. Mir wird ganz schlecht vor Schreck. Tim hat geschrien, bis der Krankenwagen kam.

Lisa

Gebrochener Arm im Sportunterricht

Am 17. Mai um 09.09 Uhr verunglückte in der Turnhalle Tim Schneider während unserer Sportstunde.
Wir übten gerade das Springen über den Kasten. Tim war an der Reihe und lief schnell an. Als er sich auf dem Kasten mit beiden Händen abstützen wollte, rutschte er ab. Er stürzte kopfüber herunter und prallte heftig mit dem rechten Arm auf die Turnmatte. Unter Tränen klagte er über starke Schmerzen im Unterarm. Frau Sommer rief sofort den Krankenwagen.
Im Krankenhaus wurde festgestellt, dass Tim sich den rechten Unterarm gebrochen hat.

Malik

2 Schreibe einen Bericht zu einem Thema deiner Wahl (zum Beispiel Unfall, Ausflug, …) auf ein Blatt Papier. Nutze dazu den Leitfaden von Seite 15.

3 Stellt eure Berichte aus **2** in einer Wandzeitung aus. Besprecht, was gut gelungen ist und was verbessert werden kann. Gebt euch gegenseitig Tipps.

Lernportion 2: Andere schriftlich informieren

16

Plenum: sich über Erfahrungen bei der Textüberarbeitung mit einfachen Korrekturzeichen austauschen
MK-Tipp: einen Bericht am Computer schreiben und gestalten

Die **Überschrift** einer Geschichte ist sehr wichtig.
Sie soll neugierig machen und darf gleichzeitig nicht zu viel verraten.

① Lies Tims Erlebnisgeschichte.
Notiere alle dazu passenden Überschriften.

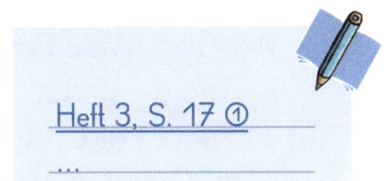

Heft 3, S. 17 ①

...

| Grillfest ohne Würstchen | Das neue Handy |

| Der Grill, die Würstchen und der Hund | Wie Imo den Käse klaute |

Wie jedes Jahr feierten wir auch in diesem Sommer ein Fest im Garten.
Tante Petra grillte. Sie legte die Würstchen und den Käse auf einen Teller
neben den Grill. Plötzlich klingelte ihr Handy. Tante Petra nahm den Anruf an
und lief ins Haus, um ungestört zu telefonieren. Niemand bemerkte, dass
der Teller neben dem Grill unbewacht war. Auf diese Gelegenheit hatte Imo
nur gewartet. Der Frechdachs klaute alle Würstchen vom Teller.
Als mein Vater das sah, rannte er schimpfend und mit den Armen rudernd
hinterher. Aber er kam zu spät. Imo hatte schon alles aufgefressen.

Tim

② Finde eine eigene Überschrift zur Geschichte aus ①.

Heft 3, S. 17 ②

...

Diese Überschrift gefällt mir am besten, weil ...

Der Familienausflug

Fahrradtour mit Hindernissen

Alles Gute kommt von oben

Ein nasses Vergnügen

1 Suche drei andere Kinder, mit denen du die Geschichte von Seite 17 spielen willst.

a) Lest die Geschichte noch einmal gemeinsam.

b) Verteilt die Rollen: Tim als Erzähler, Tante Petra, der Vater, Imo

c) Überlegt gemeinsam:

Was sagen die Personen?
- Tim als Erklärer der Handlung
- Tante Petra, als das Handy klingelt
- der Vater, als er Imo sieht
- …

Was tun die Personen (= Handlungen und Gesten)? Welche Gefühle zeigen sie?
- Tante Petra baut den Grill auf, schüttet Kohle auf den Grill, macht Feuer und legt Würstchen und Käse darauf.
- Tante Petra ist genervt, als das Handy klingelt. Sie schüttelt den Kopf. …
- …

d) Schreibt eure Überlegungen als Spielszene auf.

Heft 3, S. 18 ① d)
Erzähler: Wie jedes Jahr …
Die Tante baut den Grill auf, schüttet Kohle auf den Grill,
macht Feuer und legt Würstchen und Käse darauf.
Erzähler: Klingeling! Klingeling!
Tante Petra (schaut genervt, seufzt): Das kann ja wohl nicht wahr sein. …
…

2 Spielt die Szene eurer Klasse vor.

Lernportion 3: Erlebnisgeschichten schreiben

Plenum: sich gegenseitig wertschätzende Rückmeldungen zum Vorspiel geben
MK-Tipp: ein szenisches Spiel auf Video aufnehmen

18

Der **Höhepunkt** ist die **spannendste Stelle im Hauptteil** einer Geschichte.

Höhepunkt

Einleitung Hauptteil Schluss

Spannung kannst du mit folgenden Mitteln erzeugen:

- kurze Sätze und eindringliche Satzanfänge (Plötzlich, Auf einmal, …)
- Vergleiche, treffende Verben und Adjektive
- wörtliche Rede und Ausrufe
- Beschreibung von Gefühlen

① Finde in beiden Geschichten den Anfang des Höhepunkts. Notiere jeweils die Zeilennummern und die Wörter, die den Höhepunkt einleiten.

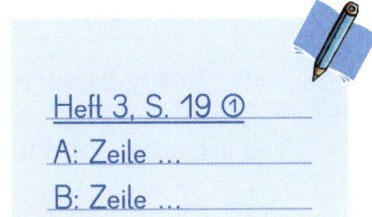

Heft 3, S. 19 ①
A: Zeile …
B: Zeile …

A

1 … Nach einer halben Stunde waren wir mit unserem Boot
2 bis zur Mitte des Sees gepaddelt. Nun hatten wir uns eine Pause
3 wirklich verdient. Wir öffneten unsere Kühltasche und bissen
4 genüsslich in unsere Brote. Plötzlich schrie mein Bruder:
5 „Meine Füße werden ganz nass!" Und tatsächlich hatte sich
6 am Boden unseres Bootes eine große Pfütze gebildet.
7 Aufgeregt suchten wir nach einem Loch im Boot. Ich bekam
8 langsam Angst. Doch dann zeigte Mama lachend auf ihre
9 Trinkflasche …

B

1 … Ich lief auf der Zielgeraden und hatte schon einen
2 großen Vorsprung vor den anderen Läuferinnen. Auf einmal
3 kam ich ins Stolpern und fiel der Länge nach hin. Ich hörte,
4 wie die Schritte der anderen Kinder immer näher kamen.
5 Zum Glück hatte ich mich nicht verletzt und …

Eine Geschichte wird lebendiger und anschaulicher durch **treffende Adjektive**, **Satzumstellungen** und **das Beschreiben von Gefühlen**.

① Lies die Sätze und ergänze sie mit treffenden Adjektiven. Unterstreiche die eingesetzten Wörter.

Heft 3, S. 20 ①
A: Es war ein verschneiter Tag im Winter.
B: ...

A Es war ein ▢ Tag im Winter.

B Lea hörte ein ▢ Geräusch.

C Emil bekam von seinem Onkel ein ▢ Paket.

D Malik liebte sein ▢ Fahrrad über alles.

E Die Klasse 4a machte einen ▢ Ausflug.

F Schnell liefen Lisa und Tim durch den ▢ Flur.

G Bente und Hanna machten eine ▢ Entdeckung.

H Milan sah eine ▢ Katze über den Weg laufen.

I Rani ging mit ihren Eltern auf eine ▢ Reise.

② Stelle die Sätze um.

Sie nahm den Ball geschickt an.

Sie rannte schnell mit dem Ball Richtung Tor.

Sie setzte gerade zum Schuss an.

Sie traf leider nicht das Tor.

Sie schoss den Ball unglücklicherweise ins Publikum.

Sie ärgerte sich fürchterlich über ihre verpasste Chance.

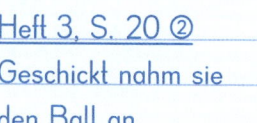

Heft 3, S. 20 ②
Geschickt nahm sie
den Ball an. ...

Anstatt für jeden Satzanfang ein neues Wort zu suchen, kannst du auch Sätze umstellen.

1 Emoticons können Gefühle zum Ausdruck bringen.
Schreibe zu jedem Emoticon ein passendes Nomen.

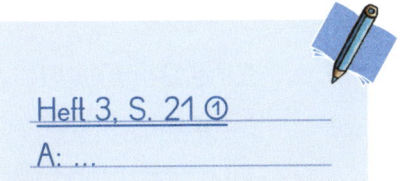

 A
 B
 C
 D
 E

2 Ordne die Wortkarten den Gefühlen
Angst und Freude zu.
Trage sie passend in eine Tabelle ein.

| einen Kloß im Hals haben |

| Luftsprünge machen |

| über das ganze Gesicht strahlen |

| überglücklich sein | | verzweifelt sein |

| Herzklopfen haben | | feuchte Hände haben |

| sich gruseln | | eine Gänsehaut bekommen |

| wie erstarrt sein | | zitternde Knie haben |

Manche Wortkarten passen zu beiden Gefühlen.

3 Ergänze die Tabelle aus **2**.
Du kannst auch Beispiele aus anderen Sprachen aufschreiben.

So schreibe ich eine Erlebnisgeschichte:

1. **Ich überlege**, zu welchem **Erlebnis** ich eine Geschichte schreibe: ein Erlebnis aus den Ferien, mit Freunden, in der Schule … Ich notiere **Stichpunkte**.

2. **Ich schreibe** eine **Einleitung**.
   Wer spielt bei diesem Erlebnis eine Rolle?
   Wann war das Erlebnis?
   Wo ist es passiert?

3. **Ich schreibe** den **Hauptteil** und achte darauf,
   – ausführlich und spannend zu erzählen,
   – einen Höhepunkt zu gestalten,
   – die Gefühle der Personen zu benennen.

4. **Ich nutze**
   – die Vergangenheit,
   – die wörtliche Rede,
   – abwechslungsreiche Satzanfänge,
   – treffende Adjektive.

5. **Ich schreibe** einen **knappen Schluss**.

6. **Ich finde** eine **passende Überschrift**,
   die neugierig macht und nicht zu viel verrät.

7. **Ich lese** meine Erlebnisgeschichte, **überprüfe** und **überarbeite** sie.

① Wähle ein Thema, zu dem du eine Erlebnisgeschichte schreiben möchtest.
Du kannst auch die Ideen auf den Kärtchen nutzen.

Unser spannendstes Abenteuer

Als ich einmal sehr mutig war

Mein schönstes Ferienerlebnis

Als ich einmal vor Lachen
Bauchschmerzen hatte

② Plane eine Erlebnisgeschichte zu deinem Thema aus ①.
Sammle dazu Stichpunkte oder fertige eine Mind-Map an.

③ Ordne deine Stichpunkte aus ② an den roten Faden.
Sortiere sie nach Einleitung, Hauptteil und Schluss.

Einleitung
…

Hauptteil
…

Schluss
…

④ Schreibe eine Erlebnisgeschichte.
Nutze dazu den Leitfaden von Seite 22
und deine Stichpunkte aus ②.

Heft 3, S. 23 ④
…

So führe ich eine Schreibkonferenz durch:

1. **Ich suche** mir drei Kinder, mit denen ich meine Geschichte besprechen möchte.

2. **Ich verteile** die Aufgaben:

   Verständnisprofi:
   Ist alles verständlich?
   Kann man die Geschichte mit eigenen Worten wiedergeben?

   Aufbauprofi:
   Werden in der Einleitung diese Fragen beantwortet: Wer? Wann? Wo?
   Ist der Hauptteil ausführlich und spannend?
   Gibt es einen Höhepunkt?
   Rundet der Schluss die Geschichte ab?
   Macht die Überschrift neugierig auf die Geschichte?

   Ausdrucksprofi:
   Werden treffende Adjektive verwendet?
   Werden Gefühle beschrieben?

3. **Ich lese** meine Geschichte den anderen Kindern (mehrmals) vor.

4. **Ich erhalte** von den anderen Kindern Hinweise.

5. **Ich überarbeite** meine Geschichte. Die Hinweise der anderen Kinder können mir dabei helfen. Zum Schluss **lese ich** meine verbesserte Geschichte **erneut vor**.

① Besprich deine Erlebnisgeschichte in einer Schreibkonferenz.
Nutze dazu auch den Leitfaden von Seite 22.

② Sammelt eure Geschichten in einem Klassen-Geschichtenbuch.
Ihr könnt eure Geschichten dafür am Computer abtippen, gestalten und ausdrucken.

Lernportion 3: Erlebnisgeschichten schreiben

MK: einen Text am Computer abtippen, gestalten und ausdrucken

D 28

> Ich verwende bei einer **Gegenstandsbeschreibung**
> - **genaue Bezeichnungen**,
> - **passende Adjektive** zur genauen Beschreibung,
> - **treffende Verben** zur genauen Beschreibung der Funktion.
>
> So kann man sich ein genaues Bild von dem Gegenstand machen.

① Finde genauere Bezeichnungen für diese Nomen.
Schreibe mindestens drei weitere Begriffe
in dein Heft.

| Trinkgefäß | Tasche | Schreibwerkzeug | Schuh |

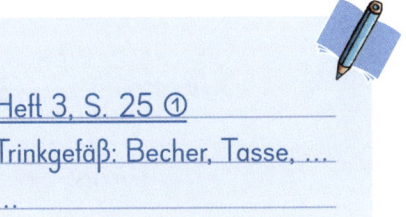

Heft 3, S. 25 ①
Trinkgefäß: Becher, Tasse, ...
...

② Finde zu jedem Adjektiv mindestens ein
weiteres passendes Adjektiv zur genaueren
Beschreibung.

| A | alt: uralt ... |

| B | gelb: sonnengelb ... |

| C | groß: gigantisch ... |

| D | grün: froschgrün ... |

| E | klein: winzig ... |

| F | gemustert: kariert ... |

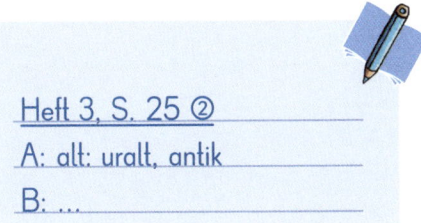

Heft 3, S. 25 ②
A: alt: uralt, antik
B: ...

③ Beschreibe die Gegenstände.
Benutze treffende Wörter.

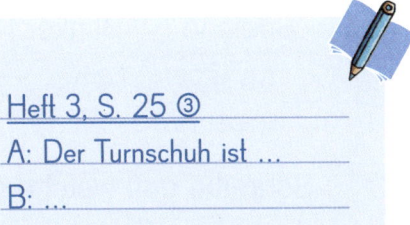

Heft 3, S. 25 ③
A: Der Turnschuh ist ...
B: ...

A

B

C

D

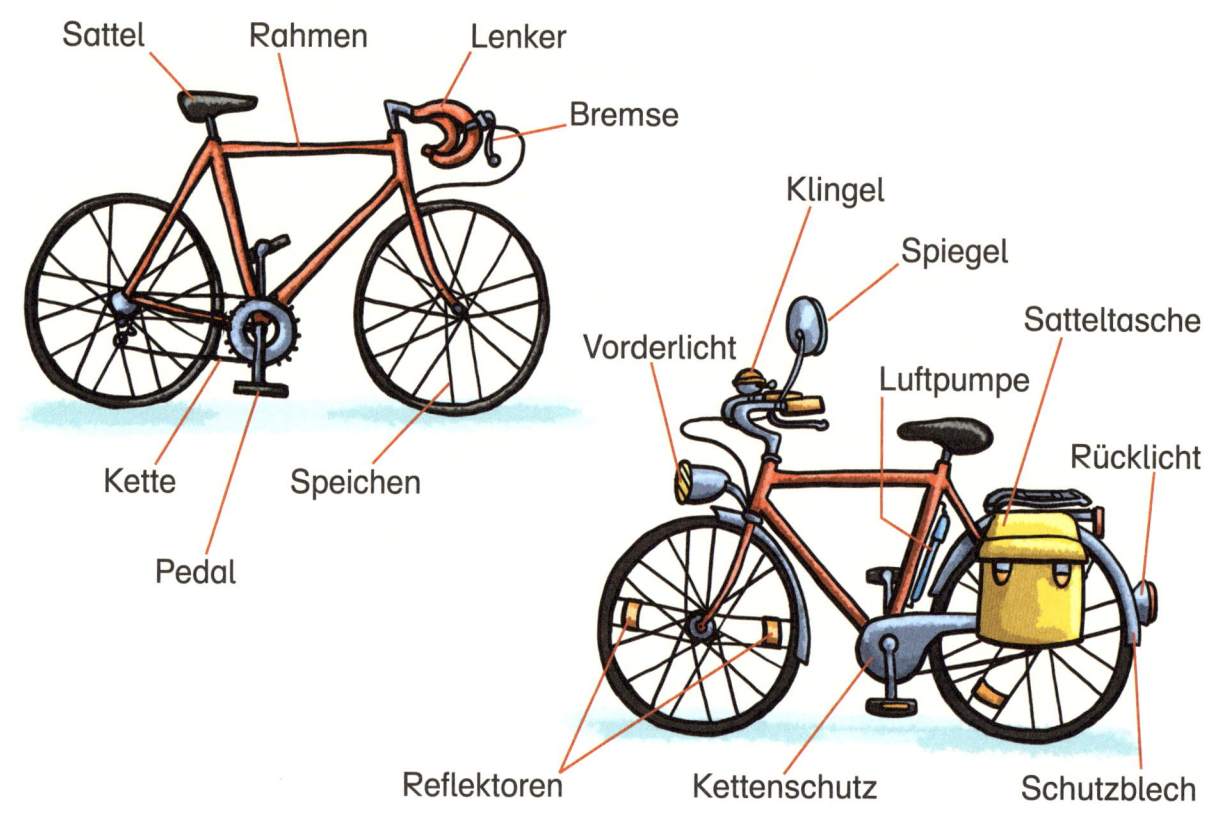

Sattel Rahmen Lenker Bremse Klingel Spiegel Satteltasche Vorderlicht Luftpumpe Rücklicht Kette Speichen Pedal Reflektoren Kettenschutz Schutzblech

1 Schreibe auf, welche drei Begriffe nicht zur Beschreibung eines Fahrrads passen.

Heft 3, S. 26 ①
...

| Rahmen | Lenker | Lenkrad | Gangschaltung |

| Bremse | Reflektoren | Kupplung | Schutzblech | Kette |

| Speiche | Blinker | Kettenschutz | Rücklicht | Pedal | Klingel |

2 Schreibe auf, welche Gemeinsamkeiten die beiden Fahrräder haben.

Heft 3, S. 26 ②
...

3 Schreibe auf, worin sich die Fahrräder unterscheiden.

Heft 3, S. 26 ③
...

Lernportion 4: Beschreibungen erstellen und vergleichen

So schreibe ich eine Gegenstandsbeschreibung:

1. **Ich nenne** den **Gegenstand** und seinen **Verwendungszweck**.

2. **Ich betrachte** den **Gegenstand** genau und notiere Stichpunkte zu möglichst vielen **Merkmalen**:
   Form, Größe, Farbe, Material und Besonderheiten.

3. **Ich schreibe** eine Gegenstandsbeschreibung und achte darauf,
   – mit dem wichtigsten Merkmal zu beginnen,
   – in einer passenden Reihenfolge zu beschreiben (zum Beispiel von außen nach innen),
   – sachlich zu schreiben (ohne Gefühle darzustellen),
   – im Präsens zu schreiben,
   – anschauliche Adjektive zu nutzen.

4. **Ich lese** meine Gegenstandsbeschreibung, **überprüfe** und **überarbeite** sie.

Füller, aus Holz, blaue Kappe aus Plastik, Kratzer auf der Kappe, ...

 (1) Suche dir im Klassenraum einen Gegenstand aus. Beschreibe diesen ganz genau, ohne seinen Namen zu nennen.
Lass ein Partnerkind den Gegenstand erraten.

Heft 3, S. 27 ①
...

 (2)

Mein Gegenstand ist eckig, lang, dünn und spitz. Er besteht aus Holz. Oben ist er ein bisschen kaputt.

Lernportion 4: Beschreibungen erstellen und vergleichen
Plenum: sich über die Merkmale einer Gegenstandsbeschreibung austauschen
AH 29, 30
 27

In einer **Suchanzeige** stehen neben der genauen Beschreibung
des gesuchten Gegenstandes auch diese Informationen:
- **Wer** hat den Gegenstand verloren? Rani
- **Wo** ging der Gegenstand verloren? im Schulhaus
- **Wann** ging der Gegenstand verloren? letzten Donnerstag
- **Bei wem** / **Wo** kann der gefundene
  Gegenstand abgegeben werden? in der Klasse 4a

1 Lies die Suchanzeige.
Zeichne den Gegenstand auf ein Blatt Papier.

> ## Rote Sporttasche vermisst!
>
> Letzten Donnerstag habe ich meine Sporttasche im Schulhaus verloren.
> Diese quaderförmige Tasche ist aus einem roten Stoff genäht.
> Auf der Vorderseite ist ein blaues Segelboot. Über dem Aufdruck befindet sich
> an der oberen Seite ein weißer Reißverschluss. Auf dem weißen Trageband
> steht in großen, schwarzen Druckbuchstaben mein Name: RANI.
> Falls du die Tasche findest, gib sie bitte in der Klasse 4a ab.
> Vielen Dank! Rani

2 Du hast deine Trinkflasche verloren.
Schreibe eine Suchanzeige.
Nutze den Leitfaden von Seite 27
und den Kasten oben auf dieser Seite.

Heft 3, S. 28 ②
Trinkflasche verloren
Ich habe gestern meine ...

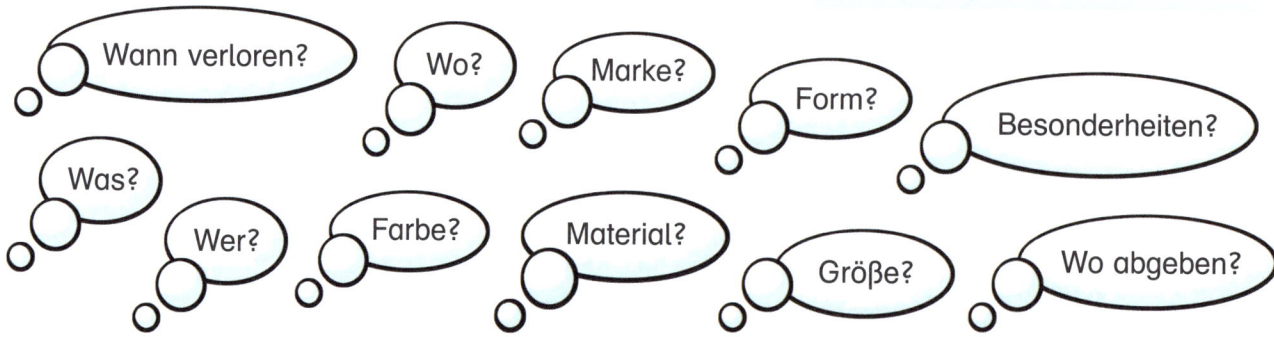

① Überprüfe deine Suchanzeige von Seite 28
auf Rechtschreibfehler.

– Lies deinen Text sorgfältig durch und
verbessere Fehler, die du sofort erkennst.
– Markiere mit dem Bleistift Wörter,
bei denen du dir unsicher bist.
– Schlage diese Wörter im Wörterbuch nach.

> Ein Text, den du veröffentlichen willst, muss übersichtlich, verständlich und fehlerfrei sein.

② Tippe deinen Text am Computer ab.
Überprüfe die Rechtschreibung noch einmal
mit Hilfe der Rechtschreibkontrolle.

③ Formatiere nun deinen Text und bereite ihn für die Veröffentlichung vor.

Du kannst die Schriftart und die Schriftgröße verändern.

Du kannst eine andere Schriftfarbe wählen.

Du kannst die Überschrift fett gestalten oder unterstreichen.

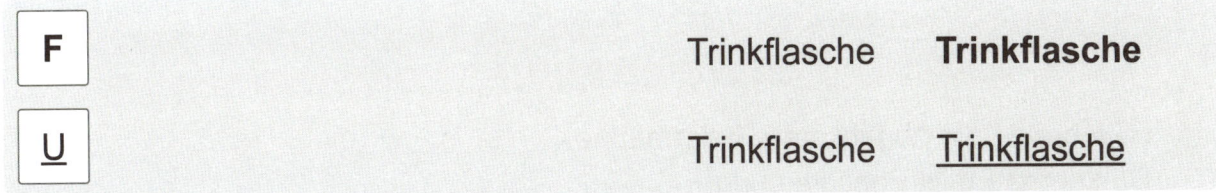

Du kannst ein Bild oder ein Piktogramm einfügen.

Lernportion 4: Beschreibungen erstellen und vergleichen

Plenum: sich über Möglichkeiten austauschen, einen Text für die Veröffentlichung aufzubereiten und Interesse am Lesen zu wecken
MK: einen Text am Computer schreiben, korrigieren und gestalten

29

① Lest die beiden Beschreibungen von Emil und Lea.

a) Zeichnet die gesuchten Gegenstände in euer Heft.

b) Besprecht, was euch auffällt.

Heft 3, S. 30 ①
a) ...

Federmappe gesucht! | A

Seit dem Unterricht am Freitag in der Schule fehlt meine Federmappe. Meine Federmappe ist blau und viereckig. Außen sind Nilpferde drauf. Am Reißverschluss hängt ein kleiner Fußball. An den Ecken ist sie ein bisschen kaputt. In der Federmappe sind ein roter Füller, Filzstifte und Buntstifte. Ein Radiergummi und ein Anspitzer sind nicht darin. In der äußeren Plastikhülle stecken ein Geodreieck und ein Sticker von Lionel Messi.

Wer sie findet, soll sich bei mir melden: Emil Kowalski, Klasse 4a

Federmappe gesucht! | B

Meine schöne Federmappe fehlte. Meine Oma hatte sie mir zu meinem 10. Geburtstag geschenkt. Darüber habe ich mich sehr gefreut. Meine Federmappe lag eigentlich immer in meinem Schulranzen oder auf einem Tisch, wenn ich schrieb. Sie war rot und hatte einen Reißverschluss. Den Spitzer habe ich schon vor längerer Zeit verloren. Das war ja auch so ärgerlich! Am Wochenende wollte ich meinen Stundenplan hineinlegen.

Bitte findet sie. Lea

---

② Überprüfe, was Lea in ihrer Beschreibung nicht beachtet hat. Nutze dazu den Leitfaden von Seite 27 und die Regeln von Seite 28. Gib Lea mindestens vier Tipps.

Heft 3, S. 30 ②
– Ergänze die Angabe, wo du deine Federmappe verloren hast.
– ...

③ Beschreibe die abgebildete Federmappe. Du kannst Emils Beschreibung als Hilfe nutzen.

Heft 3, S. 30 ③
...

Lernportion 4: Beschreibungen erstellen und vergleichen

MK-Tipp: eine Beschreibung am Computer erstellen

D 29

1. Lies die Beschreibungen der Ferienangebote.

Hüpf dich glücklich beim Trampolinspringen!

Springen bringt Spaß und macht dich fit. Beim Trampolinspringen geht es hoch in die Luft. Wenn ihr mindestens sieben Jahre alt seid, könnt ihr verschiedene Trampoline ausprobieren. Ihr dürft zwei Stunden in der Trampolinhalle verbringen. Bitte bringt Sportkleidung, Trampolin-Socken und gute Laune mit. Die Kosten pro Person betragen 25 Euro. Wasser und ein anderes Getränk bekommt ihr kostenlos dazu.

Kontakt: trampolinhalle@beispiel.de

Der Natur auf der Spur

Vögel und Biber beobachten, Tierspuren lesen und Wildkräuter sammeln, Löwenzahnhonig herstellen und mit Naturmaterialien basteln – wenn ihr darauf Lust habt, seid ihr bei uns richtig. Eine Woche lang wollen wir der Natur auf die Spur kommen.

Wir treffen uns täglich um 10:00 Uhr am Eingang zum Stadtpark und begeben uns auf eine Expedition. Bitte denkt an wetterfeste Kleidung und bringt eine Trinkflasche mit. Becherlupen und Ferngläser stellen wir zur Verfügung. Das Angebot ist kostenfrei.

spurensuche@beispiel.de

Kanuabenteuer

Eine Kanufahrt ist ein unvergessliches Erlebnis. Die Fahrt verläuft auf einem ruhigen, langsam fließenden Abschnitt des Flusses. Hierfür planen wir etwa drei Stunden ein. Die Kanutour ist geeignet für Kinder im Alter zwischen 6 und 16 Jahren. Wir bringen und holen die Boote und stellen eine wasserdichte Verpackung für euer Gepäck zur Verfügung. Pro Person berechnen wir 15 Euro. Bitte denkt an Sonnenschutz und Badekleidung.

Weitere Infos erhaltet ihr unter kanutouren@beispiel.de.

② Wähle eine Beschreibung von Seite 31 aus.
Schreibe alle wichtigen Informationen auf.

Heft 3, S. 32 ②
A: ...

A Wie lange dauert das Angebot?

B Was kostet das Angebot?

C Wer kann teilnehmen (Alter, Anzahl der Kinder)?

D Was wird gemacht?

E Was muss man mitbringen?

③ Wähle ein Angebot aus. Stell dir vor, du möchtest dich anmelden oder eine Frage stellen. Schreibe einen passenden Text am Computer.

④ Sucht im Internet nach ähnlichen Angeboten in eurer Nähe.
Tauscht euch aus, was für die Suche wichtig ist.

Lernportion 4: Beschreibungen erstellen und vergleichen

 MK: im Internet mit Hilfe einer Kindersuchmaschine nach Freizeitangeboten suchen

So schreibe ich eine Zusammenfassung:

1. **Ich lese** den Text mindestens zwei Mal **genau** durch und **schlage unbekannte Wörter nach**.

2. **Ich notiere** pro Abschnitt zwei bis drei **Stichpunkte**.

3. **Ich schreibe** einen **einleitenden Satz** und **nenne** dabei
   – die Art des Textes,
   – den Titel,
   – den Autor oder die Autorin.
   Dann fasse ich das Thema kurz zusammen.
   Die Fabel ...

4. **Ich schreibe im Hauptteil** das Wichtigste mit eigenen Worten auf und nenne Ort und handelnde Figuren. Dabei wandle ich meine Stichpunkte in kurze Sätze um.

5. **Ich schreibe**
   – in der richtigen zeitlichen Reihenfolge,
   – im Präsens,
   – sachlich, ohne Gefühle darzustellen,
   – ohne wörtliche Rede.

6. **Ich lese** meine Zusammenfassung, **überprüfe** und **überarbeite** sie.

① Lies den Text. Kläre unbekannte Wörter.

Der Löwe und die Maus

A Ein Löwe schlief. Eine Maus kam herbei und dachte:
„Das ist ein Berg!", und huschte auf dem Löwen herum.
Der Löwe spürte ein Kitzeln. Er wachte auf. Blitzschnell packte er die Maus,
hielt sie in seiner Pranke fest und sagte: „Jetzt will ich dich fressen."
„Warum?", piepste die Maus. „Ich bin so klein, dass du von mir nicht satt wirst.
Aber wenn du mich nicht frisst, dann kann ich dir vielleicht eines Tages helfen!"
Der Löwe musste lachen: „Du – mir helfen!"
Aber der Löwe ließ die Maus laufen und vergaß sie.

B Bald fingen Jäger den Löwen und fesselten ihn mit dicken Stricken
an einen Baum. Dann liefen sie weg, um einen Käfig zu holen. Der Löwe
brüllte auf und spannte seine Muskeln, aber er konnte die Stricke nicht zerreißen.
Müde warf sich der Löwe auf den Boden und gab alle Hoffnung auf.

C Plötzlich spürte er, wie ihn etwas kitzelte. Mit einem Satz sprang
die Maus vor seine Nase: „Was für schöne Stricke zum Zernagen!
Gut, dass ich noch lebe und dir helfen kann, mein Freund!"
Sofort begann die Maus zu nagen. Sie nagte und nagte
mit ihren scharfen Zähnen, bis die Stricke rissen.
Der Löwe dankte der Maus und sagte: „Das war
ein Glückstag, als ich dich nicht fraß! Komm mit!" ◇

Äsop

② Schreibe zu jedem Abschnitt aus ①
zwei bis drei Stichpunkte auf.

Heft 3, S. 34 ②
A: – Maus kletterte auf
schlafenden Löwen
– ...

Lernportion 5: Inhalte zusammenfassen

Eine **Fabel**
ist eine kurze Geschichte,
in der Tiere wie Menschen handeln.
Man kann sich in der Geschichte
wiedererkennen und daraus
etwas lernen.

① Erzähle den Inhalt der Fabel von Seite 34 einem Partnerkind.
Nutze dazu deine Stichpunkte und die Bilder.

② Finde in der Fabel mindestens
zehn Verben im Präteritum.
Schreibe sie im Präsens dazu.

Heft 3, S. 35 ②

Präteritum	Präsens
er schlief	er schläft
...	...

③ Schreibe einen einleitenden Satz
für eine Zusammenfassung der Fabel.
Nenne die Art des Textes, den Titel
und den Autor.

Heft 3, S. 35 ③+④
Die Fabel „Der ...

④ Schreibe nun den Hauptteil der Zusammenfassung. Nutze dazu die Bilder aus ①,
deine Stichpunkte von Seite 34 und den Leitfaden von Seite 33.

Lernportion 5: Inhalte zusammenfassen

MK-Tipp: eine Zusammenfassung der Fabel am Computer schreiben

1 Suche drei andere Kinder, mit denen du die Fabel von Seite 34 spielen willst.

a) Schreibt die Figuren aus der Fabel jeweils auf ein Kärtchen. Verteilt die Rollen.

b) Jedes Kind schreibt für seine Figur passende Verben aus dem Text auf und überlegt, wie es sie darstellen kann. Der Erzähler übt seine Textstellen.

c) Spielt die Verben vor. Die anderen Kinder müssen sie jeweils erraten.

2 Spielt die Fabel mehrmals. Wenn ihr euch sicher fühlt, könnt ihr die Fabel der Klasse vorspielen.

3 Gebt euch gegenseitig eine Rückmeldung zu eurem Vorspiel.

Ihr habt sehr deutlich gesprochen.

Ihr könntet noch etwas lauter sprechen.

Mir hat das Vorspiel gut gefallen, weil …

D 30

Lernportion 5: Inhalte zusammenfassen

Plenum: sich gegenseitig wertschätzende Rückmeldungen zum szenischen Spiel geben
MK-Tipp: ein szenisches Spiel auf Video aufnehmen

1 Lies das Märchen.

Der süße Brei

Es war einmal ein armes, braves Mädchen, das lebte mit seiner Mutter allein, und sie hatten nichts mehr zu essen. Da ging das Kind hinaus in den Wald. Dort begegnete ihm eine alte Frau, die kannte seinen Kummer schon und schenkte ihm ein Töpfchen, zu dem es sagen sollte: „Töpfchen, koche!" So kochte es guten, süßen Hirsebrei. Und wenn es sagte: „Töpfchen, steh!", so hörte es wieder auf zu kochen. Nun konnten das Mädchen und seine Mutter süßen Brei essen, sooft sie wollten, und mussten nicht mehr Hunger leiden.

Eines Tages war das Mädchen ausgegangen. Da sprach die Mutter: „Töpfchen, koche!", da kochte es, und sie aß sich satt. Nun wollte sie, dass das Töpfchen wieder aufhören solle, aber sie wusste das Wort nicht. Also kochte es fort, und der Brei stieg über den Rand hinaus und kochte immerzu, die Küche und das ganze Haus voll und das zweite Haus und dann die Straße, als wollt's die ganze Welt satt machen.

Endlich, als nur noch ein einziges Haus übrig war, kam das Kind heim und sprach nur: „Töpfchen, steh!" Da stand es und hörte auf zu kochen, und wer wieder in die Stadt wollte, der musste sich durchessen. ◇

Brüder Grimm

2 Fasse das Märchen zusammen.

a Schreibe Stichpunkte auf.

b Schreibe einen einleitenden Satz.
Nenne die Art des Textes, den Titel und den Autor.

c Schreibe nun den Hauptteil der Zusammenfassung.
Wandle dazu deine Stichpunkte in kurze Sätze um.

d Überprüfe deine Zusammenfassung.

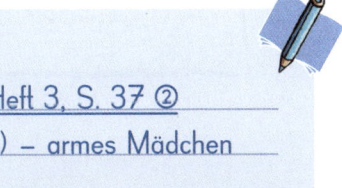

Heft 3, S. 37 ②
a) – armes Mädchen
– ...
– ...
b) ...

 ① Überprüft Bentes Zusammenfassung
als Aufbauprofi und als Ausdrucksprofi.

Stehen die Verben im **Präsens**?
Ist die Zusammenfassung **sachlich**, **ohne wörtliche Rede**? Ist die Zusammenfassung **mit eigenen Worten** geschrieben?

Gibt es einen **einleitenden Satz**? Stimmen der **Inhalt** und die **zeitliche Reihenfolge**?

Zusammenfassung von Bente:

Der süße Brei ist ein Märchen der Brüder Grimm.
Die Geschichte handelt von einem verzauberten Topf,
der auf Kommando Brei kochen kann.
Ein armes Kind bettelte für sich und seine Mutter
um Essen. Eine alte Frau sagt: „Ich schenke dir
einen Zaubertopf, der auf das Kommando
Töpfchen, koch süßen Hirsebrei zubereitet und
bei den Worten Töpfchen, steh wieder damit aufhört."
Von da an mussten sie nie wieder hungern.
Als das Mädchen ausging, befahl die Mutter dem Topf
Brei zu kochen. Den zweiten Spruch wusste sie nicht mehr,
und er hörte also nicht wieder damit auf. Die ganze Stadt
war bereits unter Brei begraben, als das Kind nach Hause kam.
Alle Kinder der Stadt fanden das lustig.

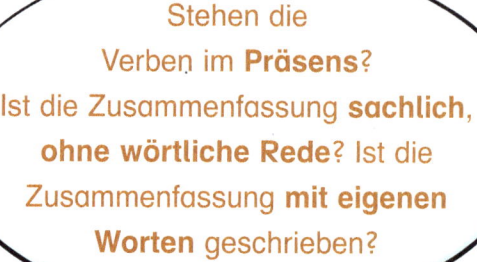

 ② Schreibt auf, was Bente gut gelungen ist
und was sie noch verbessern kann.

Heft 3, S. 38 ②
Das ist schon gut: ...
Das sollte noch überarbeitet werden: ...

1. Suche dir mindestens vier weitere Kinder.
Holt einen Erzählstein oder einen anderen Gegenstand.
Bildet einen Sitzkreis.

2. Erzählt gemeinsam eine Geschichte immer weiter.
Geht so vor:

– Ein Kind nimmt den Erzählstein und beginnt mit einer Geschichte.
Es erzählt drei bis sechs Sätze und gibt den Erzählstein an das Kind
rechts neben sich. Dieses Kind erzählt die Geschichte weiter.
– So geht es im Kreis herum, bis die Geschichte zu Ende erzählt ist.
– Am Ende wird der Erzählstein in die Mitte gelegt.

Kim wachte eines Morgens
schweißgebadet in ihrem Bett auf.
„Wow, war das ein seltsamer Traum!",
murmelte sie verschlafen. Sie setzte
sich auf die Bettkante und schaute
nach unten. Ihr Bett schwebte
auf einer Wolke …

Sie traute ihren
Augen nicht …

So schreibe ich eine Fantasiegeschichte:

1. **Ich suche** nach einer **Schreibidee**. Dabei helfen mir Überschriften aus Zeitschriften, Bilder, Fotos, Textanfänge …

2. **Ich plane** meine Fantasiegeschichte. Dazu sammle ich Stichpunkte oder fertige eine **Mind-Map** an. Danach **sortiere** ich meine Ideen nach **Einleitung**, **Hauptteil** und **Schluss**.

3. **Ich schreibe** eine **Einleitung** und beantworte die W-Fragen:
   – **Wer** spielt mit? sprechende Tiere, …
   – **Wann** spielt die Geschichte? vor 1000 Jahren, …
   – **Wo** spielt die Geschichte? auf dem Mars, …

4. **Ich schreibe** einen ausführlichen **Hauptteil** und
   – nutze die **wörtliche Rede**,
   – verwende **abwechslungsreiche Satzanfänge**,
   – schildere **Gefühle**,
   – gestalte einen **spannenden Höhepunkt**.

5. **Ich schreibe**
   – **ausführlich** und **fantasievoll**,
   – im **Präteritum**,
   – aus **Sicht einer Figur** oder **eines Gegenstands**.

6. **Ich überlege** mir einen kurzen **Schluss**.

7. **Ich finde** eine passende **Überschrift**.

8. **Ich lese** die Fantasiegeschichte, **überprüfe** und **überarbeite** sie.

Eine Geschichte kann aus verschiedenen Sichtweisen der beteiligten Figuren oder Gegenstände erzählt werden. Weil alle das Geschehen anders erleben, entstehen unterschiedliche Geschichten.

1 Ordne die verschiedenen Sichtweisen richtig zu.

| müdes Kind | | verzaubertes Buch | | lustiger Opa |

Heft 3, S. 41 ①
A: ...
...

A Gestern verbrachte ich endlich wieder einen Abend bei meinem Enkel. Leider war er schon ziemlich müde und wollte schlafen. Zum Glück freute er sich über das mitgebrachte Buch, zu dem ich unter seltsamen Umständen gekommen war …

B Gestern Abend war Opa bei uns. Ich habe mich sehr auf ihn gefreut, weil er immer so lustig ist. Leider war ich schon total müde, als er kam, und wollte nur noch ins Bett. Er überredete mich noch, gemeinsam in einem zerfledderten Buch zu lesen …

C Gestern war mein Glückstag. Ein alter Mann entdeckte mich auf dem Flohmarkt. Jetzt muss ich nur noch gelesen werden. Dann kann ich endlich wieder meine Zauberkräfte entfalten …

2 Schreibe die Fantasiegeschichte aus ① weiter.

a) Entscheide dich für eine Sichtweise.
Schreibe die Einleitung A, B oder C ab.

Heft 3, S. 41 ②
...

b) Schreibe einen Hauptteil.
Nutze dazu den Leitfaden von Seite 40.

3 Lest euch eure Texte vor.
Gebt euch gegenseitig Tipps.

Lernportion 6: Fantasiegeschichten schreiben

Plenum: die Wirkung sprachlicher Mittel beschreiben, anhand derer man erkennt, dass eine Geschichte aus unterschiedlichen Sichtweisen geschildert wird

AH 48

41

Beim Schreiben des **Schlusses** beachte ich:

- Die **Spannung lässt nach**.
- Der Schluss **rundet** die Geschichte **ab**. Es gibt ein **Ergebnis**,
  z. B. die Lösung eines Problems, bei der gezeigt wird,
  was die Person gelernt hat oder jetzt fühlt.

---

① Finde die vier Schlusssätze. Notiere die Buchstaben.
Sie ergeben ein Lösungswort.

Heft 3, S. 42 ①

F ...

| T | Alles begann an einem regnerischen Abend. |

| F | So etwas wird mir nie wieder passieren. | AN | Beruhigt schlief ich ein. |

| PU | Als mir mein Opa das Buch überreichte, wunderte ich mich sehr. |

| TA | Ende gut – alles gut. | A | Eines schönen Morgens ging ich in den Stall. |

| SIE | Diesen Abend werden wir noch lange in Erinnerung behalten. |

| BI | Plötzlich fing es an zu donnern und zu blitzen. |

② Lies die Einleitung und den Hauptteil deiner Fantasiegeschichte von Seite 41.
Schreibe dazu einen passenden Schluss. Achte auf die Hinweise im Kasten.

③ Suche dir für eine Schreibkonferenz mindestens drei Kinder.
Überarbeite mit ihnen deine Geschichte.

Ich habe noch eine Frage zu der Überschrift.

Ich achte auf den Höhepunkt und den Schluss.

Ich achte auf die richtige Zeitform und die wörtliche Rede.

① Lies die beiden Einleitungen.

Geschichten können traurig, lustig oder spannend weitergehen. Du kannst es bestimmen.

Wütend knallte Louis die Tür hinter sich zu. Er durfte schon wieder nicht fernsehen. „So ein Mist!" Genervt ließ er sich auf sein Bett fallen. Da kam ihm eine Idee. Louis schlich in das Arbeitszimmer seiner Eltern und nahm sich das Tablet. Er schaltete es ein, um darauf zu spielen. Das Tablet gab seltsame Geräusche von sich und blitzte. Plötzlich war Louis eine Spielfigur im Tablet …

Die Geschwister Mila und Sascha spielten am Waldrand Fangen. Plötzlich war Sascha verschwunden. Mila rief nach ihm und hörte seine Stimme unter sich. Was war nur passiert? Sie sah neben sich ein großes Loch. Mutig kletterte sie hinein und fiel ins Bodenlose. Kurz darauf fand sie sich neben ihrem Bruder in einer großen Halle. Sie schienen in einem großen unterirdischen Palast zu sein …

② Wähle eine Einleitung aus ① aus.
Schreibe einen Hauptteil und einen Schluss.
Der Leitfaden auf Seite 40 kann dir helfen.

Heft 3, S. 43 ②

…

 ① Seht euch die Bilder an und lest die Texte. Tauscht euch darüber aus, was ihr in den verschiedenen Situationen erleben könntet.

Stellt euch vor, ihr wärt auf dem Mars gelandet.
Wie sieht es dort aus?
Wer könnte dort leben?
Was ist mit eurem Raumschiff passiert?

Stellt euch vor, ihr wärt in einem Zaubergarten.
Wer ist dort?
Wie sieht es dort aus?
Ist es dort gefährlich?

Stellt euch vor, ihr wärt unsichtbar.
Was tut ihr?
Wie reagieren Personen, die ihr trefft?
Wie nutzt ihr eure Unsichtbarkeit?

②

③ Wähle eine Idee aus ① oder ② aus.
Schreibe eine Fantasiegeschichte dazu.
Nutze den Leitfaden auf Seite 40.

Heft 3, S. 44 ③

Lernportion 6: Fantasiegeschichten schreiben

So schreibe ich eine Spielanleitung:

1. **Ich suche** nach einem **Spiel**, das ich beschreiben möchte, und **erstelle** eine **Mind-Map** mit den wichtigsten Informationen.

2. **Ich notiere** die **einleitenden Informationen**:
   – Name: „Mensch ärgere Dich nicht"
   – Ziel: Figuren ins Zielfeld bringen
   – Anzahl der Mitspielenden: 2–4
   – Alter: ab 6 Jahre
   – Spielmaterial: Spielbrett, Spielfiguren, Würfel

3. **Ich beschreibe** den **Spielablauf**:
   – die Vorbereitung,
   – den Beginn,
   – das Ende,
   – die Regeln.

4. **Ich schreibe**
   – **sachlich** und **genau**,
   – im **Präsens**,
   – in der **richtigen Reihenfolge**,
   – verschiedene **Satzanfänge**.

5. **Ich begründe** die Wahl des Spiels am **Schluss**.
   Ich spiele „Mensch ärgere Dich nicht" gern, weil …

6. **Ich lese** die Spielanleitung, **überprüfe** und **überarbeite** sie.

Mein Lieblingsspiel ist …

Das finde ich auch toll, weil …

Lernportion 7: Handlungen beschreiben

Plenum: Schreibabsicht, Schreibsituation und Adressatenbezug klären und die Schreibkriterien einer Spielanleitung beschreiben

AH 54

45

① Lies die Spielanleitung.

Spielanleitung für „Mensch ärgere Dich nicht"

1 „Mensch ärgere Dich nicht" ist ein bekanntes, altes Gesellschaftsspiel von Josef Friedrich Schmidt. Es geht darum, alle vier Figuren als Erstes ins Zielfeld zu bringen. Das Spiel ist für zwei bis vier Spieler ab sechs Jahren geeignet. Es gibt ein Spielbrett, 16 Spielfiguren und einen Würfel.

5 Alle bekommen vier Figuren in einer Farbe. Wer die höchste Zahl würfelt, beginnt. Alle dürfen dreimal würfeln. Wer eine Sechs hat, darf die erste Figur auf das Startfeld stellen. Danach kann man noch einmal würfeln und um die gewürfelte Zahl vorrücken. Alle, die bei der ersten Runde keine Sechs gewürfelt haben, müssen dann wieder dreimal würfeln, bis sie die erwünschte

10 Zahl Sechs würfeln.

Sobald man eine Figur auf der Startposition hat, gilt es, diese so schnell wie möglich ins Ziel zu bringen. Wenn man wieder eine Sechs würfelt, muss man damit zuerst die restlichen Figuren aus der Startposition bringen und auf das Startfeld setzen. Erst wenn alle Figuren im Umlauf sind, kann man

15 die Sechs auch vorrücken.

Kommt man mit einer Figur auf ein Feld, auf dem bereits eine Figur steht, kann man diese hinauswerfen. Diese Spielfigur muss wieder auf die Anfangsposition zurück. Steht auf einem Feld, auf das man vorrücken möchte, eine eigene Figur, muss man den Zug mit einer anderen Figur machen, denn man kann sich nicht

20 selbst hinauswerfen.

Es müssen alle Spielfiguren in die Zielfelder gebracht werden, nachdem sie den vollen Kreis zurückgelegt haben. Dabei darf man die Figuren, die schon im Ziel sind, nicht überspringen, sondern jede Figur muss einzeln nachrücken, damit alle Spielfiguren auf den Zielfeldern Platz finden.

② Zeichne die Mind-Map auf ein Blatt Papier.
Ergänze sie mit Informationen aus der Spielanleitung aus ①.

1. Suche im Internet nach Empfehlungen für Kinderspiele.
Nutze dazu eine Kindersuchmaschine.
Gib in das Suchfeld zum Beispiel Spiel des Jahres oder
Empfehlungen für Kinderspiele ein.
Wähle ein Spiel aus. Notiere wichtige Informationen.

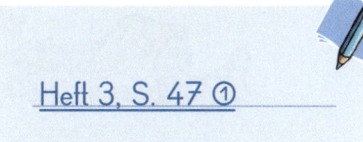

Heft 3, S. 47 ①
...

2. Stellt euch gegenseitig eure Suchergebnisse aus ① vor.
Tauscht euch über die Spiele aus. Begründet eure Meinung.

> Ich finde es gut, wenn ein Spiel einfache Regeln hat.

> Manchmal weckt der Name eines Spiels meine Neugier.

> Strategiespiele interessieren mich besonders.

> ...

> Dieses Spiel kann man mit vielen Personen spielen.

> Das Spiel ist so klein, dass es gut in einen Rucksack passt.

3. Schreibe eine kurze Empfehlung für dein Lieblingsspiel auf ein Blatt Papier.
Du kannst auch am Computer schreiben.

> Ihr könnt eure Empfehlungen im Klassenraum aufhängen oder auf der Schulhomepage veröffentlichen lassen.

Lernportion 7: Handlungen beschreiben

MK: mit Hilfe einer Kindersuchmaschine im Internet zum Spiel des Jahres recherchieren
MK-Tipp: eine Spielempfehlung auf der Schulhomepage veröffentlichen

Sind die Satzanfänge abwechslungsreich?
Stehen die Verben in der richtigen Zeitform?
Ist die Reihenfolge richtig?

1 Überprüfe die Spielanleitung.
Nutze dazu den Leitfaden von Seite 45.
Gib Lea mindestens zwei Tipps.

Heft 3, S. 48 ①
...

Wörterbingo

Mir gefällt Bingo gut, weil man dabei Wörter übt und es Spaß macht.
Besonders lustig ist es, wenn zwei Personen gleichzeitig „Bingo" rufen.
Bingo ist ein einfaches Glücksspiel. Bei Bingo hatte die Person gewonnen,
die auf der eigenen Bingokarte zuerst eine Zeile oder Spalte markieren
konnte und „Bingo" gerufen hat.
Zur Spielvorbereitung müssen gemeinsam 20 Wortkarten geschrieben und
eine Spielleitung festgelegt werden. Alle spielenden Personen zeichnen
eine Bingokarte. Eine Bingokarte besteht aus vier Zeilen und vier Spalten,
also 16 Feldern.
Dann suchte sich jede spielende Person aus den Wortkarten Wörter aus
und trägt sie beliebig in seine Bingokarte ein. Dann beginnt das Spiel,
wenn die Spielleitung eine Wortkarte zieht und das Wort nennt.
Sobald ein aufgerufenes Wort auf der eigenen Bingokarte war, musste die
spielende Person dieses Wort bei sich einkreisen. Dies wird so lange gemacht,
bis alle Wörter einer Zeile oder Spalte auf einer Bingokarte markiert sind.
Dann ruft diese Person laut „Bingo"! Dann überprüft die Spielleitung
die Richtigkeit der Bingokarte. Ist alles korrekt, ist das Spiel beendet.

Lea

2 Spiele das Spiel aus ① mit mindestens zwei anderen Kindern.

a) Findet 20 Wörter mit s, ss oder ß in der Wörterliste.
Schreibt sie auf einzelne Wortkärtchen.

b) Spielt das Spiel nach der Anleitung.

c) Wechselt nach einer Runde die Spielleitung.

Lernportion 7: Handlungen beschreiben

 1 Entwerft ein Lola-Spiel.
Zeichnet eine Mind-Map auf ein Blatt Papier.

Überlegt euch folgende Dinge:
- Name des Spiels
- Ziel des Spiels
- Anzahl und Alter der Mitspielenden
- Spielmaterial
  (z. B. Spielfiguren, Spielplan …)
- Spielvorbereitung
  (z. B. Karten mischen …)
- Beginn des Spiels
  (z. B. dreimal würfeln …)
- Spielablauf
  (z. B. Ereigniskarten ziehen …)
- Ende des Spiels

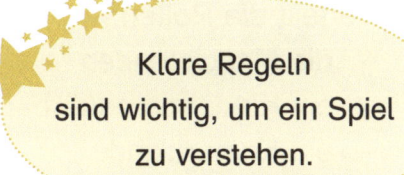

Klare Regeln
sind wichtig, um ein Spiel
zu verstehen.

 2 Schreibt eine Spielanleitung für euer Spiel auf eine Karteikarte oder ein Blatt Papier.
Nutzt dazu den Leitfaden von Seite 45 und eure Mind-Map aus **1** als Hilfe.

 3 Erstellt das benötigte Material:
- Spielplan
- Ereigniskarten
- Spielfiguren

Probiert das Spiel dann aus.

 4 Sammelt eure Spielanleitungen aus **2**
in einem Hefter oder einer Kartei.

Lernportion 7: Handlungen beschreiben

Plenum: Lola-Spiele präsentieren und ausprobieren
MK-Tipp: eine Spielanleitung am Computer schreiben und gestalten

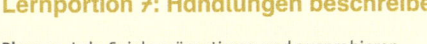 **49**

1 Suche dir mindestens drei weitere Kinder, mit denen du das Lola-Spiel auf Seite 49 erklären, vorspielen und aufnehmen möchtest.

a) Baut das Spiel auf und spielt eine Runde gemeinsam.

b) Verteilt die Rollen:
  - die Mitspielenden
  - ein Kind, das erklärt
  - ein Kamerakind

c) Überlegt gemeinsam:
  - an welchem Ort ihr euren Film aufnehmen wollt,
  - wo das Kamerakind stehen soll,
  - wie ihr euren Film aufbauen wollt.
    (Was sagt das Kind, das erklärt, und was sagen die spielenden Kinder?
    Soll es eine Einleitung geben, bevor ihr mit dem Spiel beginnt?)

d) Nehmt euren Erklärfilm auf.

e) Seht euren Film gemeinsam an. Überlegt, ob ihr noch etwas verbessern müsst. Nehmt den Film gegebenenfalls noch einmal auf.

2 Lasst andere Kinder mit Hilfe eures Erklärfilms das Spiel spielen. Überarbeitet euren Film noch einmal, wenn etwas nicht verständlich war.

Lernportion 7: Handlungen beschreiben

MK: ein Video zu einer Spielanleitung entwickeln und aufnehmen

1 Ordne den Gedichten die passenden Beschreibungen in den Kästen zu.

Heft 3, S. 51 ①
A: Haiku
B: ...

A

Gelbgrüne Kirschen
in dunkelgrünem Blattwerk
eine errötet

Heike Stehr

Das Gedicht hat insgesamt 17 Silben.
Das Thema des Gedichts ist die Natur.
HAIKU

B

Gelb
strahlender Sonnenschein
oben am Himmel
warm auf meiner Haut
Sommer

In sich reimenden Zeilen gibt es gleich viele Silben.
Die letzten Wörter von zwei aufeinanderfolgenden Zeilen reimen sich.
REIMGEDICHT

C

Der Schnupfen

Ein Schnupfen hockt auf der Terrasse,
auf dass er sich ein Opfer fasse

– und stürzt alsbald mit großem Grimm
auf einen Menschen namens Schrimm.

Paul Schrimm erwidert prompt: „Pitschü!",
und hat ihn drauf bis Montag früh.

Christian Morgenstern

In dem Gedicht stehen betonte und unbetonte Silben meist abwechselnd.
Das Gedicht wird gebraucht, um ein Kind aus einer Gruppe auszuwählen.
ABZÄHLVERS

D

Mein Finger geht im Kreise
auf eine kurze Reise.
Und bleibt mein Finger stehn,
dann musst du gehn!

Das Gedicht nennt als erstes Wort eine Farbe.
Das Gedicht besteht aus elf Wörtern in fünf Zeilen.
ELFCHEN

2 Wähle eine Gedichtart aus. Schreibe ein eigenes Gedicht auf ein Blatt Papier. Achte auf die Merkmale. Du kannst auch am Computer schreiben.

3 Trage dein Gedicht aus ② auswendig vor.

Lernportion 8: Gedichte schreiben

1 Schreibt Reimwortpaare auf Wortkarten.
Legt sie in eine Schachtel.

sitzen – schwitzen

Sonne – Tonne

klein –

entzückt – verrückt

2 Ziehe mindestens vier Karten
aus der Reimwortschachtel.
Schreibe mit diesen Reimwörtern
ein lustiges Reimgedicht.

Heft 3, S. 52 ②

Du kannst Paarreime,
Kreuzreime oder umarmende
Reime verwenden.

3 Überprüfe dein Gedicht und korrigiere es, wenn nötig.

4 Schreibe dein Gedicht am Computer und gestalte es.

Lernportion 8: Gedichte schreiben

Plenum: Gedichte der Kinder verschenken oder in der Klasse ausstellen
MK: ein Gedicht am Computer schreiben und gestalten

Ein **Rondell** ist ein Gedicht mit acht Zeilen, das sich meist nicht reimt.
Die Zeilen 4 und 7 sind Wiederholungen von Zeile 1.
Auch die Zeilen 2 und 8 sind gleich.
Die anderen Zeilen ergänzen das Thema des Rondells.

Basketball spielen macht Spaß.
Nur gemeinsam können wir gewinnen.
Wir spielen uns den Ball zu.
Basketball spielen macht Spaß.
Der Ball muss in den Korb.
Jeder Korb gibt Punkte.
Basketball spielen macht Spaß.
Nur gemeinsam können wir gewinnen.

1 Lies den Bauplan im Kasten genau.
Schreibe selbst ein Rondell. Gehe so vor:

– Finde ein Thema, zum Beispiel dein Hobby.
– Finde einen Satz für die Zeilen 1, 4 und 7.
– Finde einen weiteren Satz für die Zeilen 2 und 8.
– Ergänze die übrigen Zeilen.

Heft 3, S. 53 ①
1 _____
2 _____
3 _____
4 _____
5 _____
6 _____
7 _____
8 _____

2 Vergleicht eure Rondelle und das Rondell von Koki
mit dem Beispiel aus dem Merkkasten.
Überprüft, ob der Bauplan jeweils eingehalten wurde.

Mit Lola zu arbeiten macht Spaß.
Sie gibt uns viele Tipps.
Sie hilft uns bei den Aufgaben.
Mit Lola zu arbeiten macht Spaß.
Mit ihrem Buchstabenkleid sieht sie lustig aus.
Sie lächelt immer.
Mit Lola zu arbeiten macht Spaß.
Sie gibt uns viele Tipps.

Lernportion 8: Gedichte schreiben

MK-Tipp: ein Rondell am Computer gestalten

① Gestalte das Gedicht am Computer. Gehe so vor:

– Öffne ein Schreibprogramm und tippe das Gedicht ab.

> Lola
>
> Lola ist begabt und schlau.
> Sie weiß vieles ganz genau.
> Sie lacht oft und zaubert gerne.
> Ihre Welt ist voller Sterne.

> Ich probiere aus, was mir besser gefällt.

– Gestalte die Überschrift fett, kursiv oder unterstreiche sie. Nutze dazu das Menü deines Schreibprogramms.

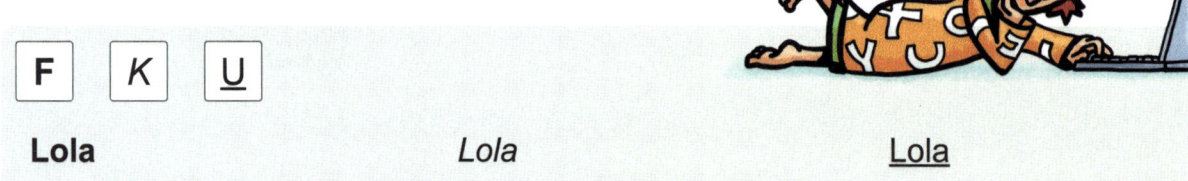

F K U

Lola   *Lola*   <u>Lola</u>

– Vergrößere nun die Überschrift.

14   16   24

Lola   Lola   Lola

– Formatiere das Gedicht linksbündig, mittig oder rechtsbündig.

– Ändere die Schriftart des Gedichts. Probiere verschiedene Möglichkeiten aus.

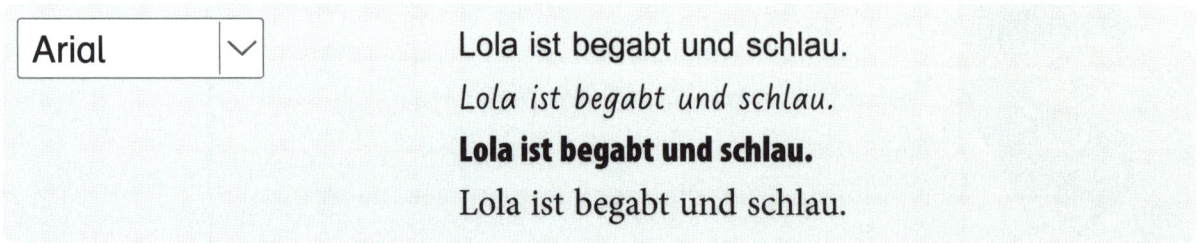

Arial

Lola ist begabt und schlau.
Lola ist begabt und schlau.
Lola ist begabt und schlau.
Lola ist begabt und schlau.

② Schreibe ein kurzes Gedicht am Computer. Gestalte deinen Text wie in ①.

Lernportion 8: Gedichte schreiben

Bei einem **Schneeballgedicht** werden die Zeilen erst länger und dann wieder kürzer. In der ersten Zeile steht ein Wort. In der zweiten Zeile stehen zwei Wörter. So geht es weiter. Nach der fünften Zeile nimmt die Anzahl der Wörter wieder ab. Die Zeilen stehen **zentriert**.

(1) Wir
(2) gehören zusammen
(3) wir spielen miteinander
(4) manchmal streiten wir uns
(5) wir versöhnen uns immer wieder
(4) niemals sind wir allein
(3) wir halten zusammen
(2) gemeinsam stark
(1) Freunde

1 Schreibe ein eigenes Schneeballgedicht auf ein Blatt Papier. Du kannst auch am Computer schreiben.

Achte auf die Anzahl der Wörter und die Länge der Zeilen.

2 Gestalte dein Gedicht mit Buntstiften oder mit Hilfe eines Schreibprogramms am Computer.

 3 Vergleicht eure Gedichte mit dem Gedicht oben auf der Seite. Überprüft, ob ihr den Bauplan eingehalten habt.

Themenheft 3
Texte planen und schreiben

Herausgegeben von:	Roland Bauer, Jutta Maurach
Erarbeitet von:	Katrin Baudendistel, Daniela Dreier-Kuzuhara in Zusammenarbeit mit der Redaktion Grundschule Deutsch 2–4
Begutachtung:	Katrin Bertram (Brandenburg), Astrid Dittberner (Niedersachsen), Claudia Hoeschen (Schleswig-Holstein), Martin Leeb (Schleswig-Holstein), Alexandra Mangold (Baden-Württemberg), Yannick Rösch (Schleswig-Holstein), Simone Schick (Nordrhein-Westfalen)
Redaktion:	Kristina Fischer, Sabine Gerber, Milena Lemke, Martina Schramm
Illustration:	Yo Rühmer, Frankfurt am Main
Umschlag:	Cornelia Gründer, Corngreen GmbH, Leipzig (Gestaltung); Yo Rühmer, Frankfurt am Main (Illustration)
Layout und technische Umsetzung:	lernsatz.de

wwww.cornelsen.de

1. Auflage, 1. Druck 2024

Alle Drucke dieser Auflage sind inhaltlich unverändert und können im Unterricht nebeneinander verwendet werden.

© 2024 Cornelsen Verlag GmbH, Berlin

Druck: ppm Fulda GmbH & Co. KG, Fulda

ISBN 978-3-464-80350-9 (Themenheft 3, Leihmaterial)

PEFC-zertifiziert
Dieses Produkt stammt aus nachhaltig bewirtschafteten Wäldern, Recycling und kontrollierten Quellen
PEFC
PEFC/04-31-1308   www.pefc.de